Maquette :
Conception et crayonnés : Aline Riquier
Réalisation : Spiral
Lecture-correction : Bernard Dauphin, Annick Valade
Secrétariat d'édition : Françoise Moulard

ISBN 2-03-651406-5

Photocomposition NORD COMPO

IMPRIMERIE JOMBART — 27000 ÉVREUX — Dépôt légal avril 1987.
N° de série éditeur : 13972 — IMPRIMÉ EN FRANCE *(Printed in France)* — 651406 avril 1987.

GLOBE-TROTTER

Collection dirigée par Laurence Ottenheimer-Maquet

LES ANIMAUX ONT UNE HISTOIRE...

LES BALEINES

Texte de Charles Daney

Illustration de Pascal Robin

 Larousse

17, rue du Montparnasse   75006 Paris

La chasse au cachalot

Au large du Portugal, posté sur les hauteurs d'une île des Açores, un homme de veille scrute la mer. Tout à coup, dans la lumière rasante du matin, il aperçoit un souffle d'eau vaporisée au-dessus de la longue houle bleue. ''Baleïa, baleïa!'' Avertis par le cri du guetteur, les pêcheurs embarquent aussitôt: six hommes par baleinière, pilote et harponneur en poupe. Le vent est favorable; les canots effilés hissent leur voile et s'approchent sans bruit du troupeau. Ce sont des cachalots, des jeunes de 17 m. Une des baleinières s'est placée dans le sillage d'un cachalot, masse énorme qui laisse émerger tantôt une large queue en papillon, tantôt un mufle monstrueux tel l'avant d'un sous-marin.

Les Açores, archipel de neuf îles volcaniques,
sont à plus de 1 200 km à l'ouest de Lisbonne,
la capitale du Portugal. Près de ces îles,
on a chassé jusqu'à 200 ''baleines'' par an.
Aujourd'hui, les baleinières restent au port.
La chasse est interdite.

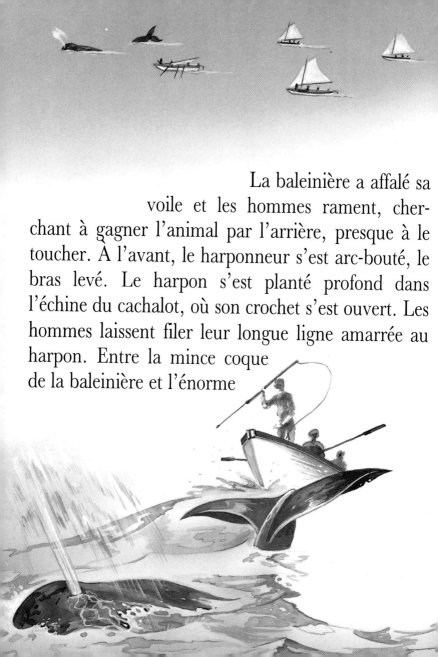

La baleinière a affalé sa voile et les hommes rament, cherchant à gagner l'animal par l'arrière, presque à le toucher. À l'avant, le harponneur s'est arc-bouté, le bras levé. Le harpon s'est planté profond dans l'échine du cachalot, où son crochet s'est ouvert. Les hommes laissent filer leur longue ligne amarrée au harpon. Entre la mince coque de la baleinière et l'énorme bête folle de douleur, qui file, plonge, émerge, bondit, bat la mer de sa large queue, la lutte à mort s'est engagée. À présent, les pêcheurs halent le filin pour s'approcher au plus près de la proie. Poing tendu, le harponneur jette une, deux, trois lances aux lames tranchantes, cherchant à percer les poumons de l'animal. Si le souffle se teinte de rouge, on dit qu'il "fleurit", la partie est gagnée. Mais le combat peut durer encore une longue demi-heure. En vain, le cachalot, retenu par les longs cordages, essaie de fuir, s'essouffle, tandis qu'un large cerne rouge s'élargit sur l'écume.

Monstres vrais ou imaginaires

En mer, tout paraît immense. Quand la brume voile l'horizon ou qu'il n'y a aucune terre en vue, ce qui est gros devient trop gros, ce qui n'est pas habituel est étrange. De vrais animaux, comme ce cachalot échoué sur les rochers, ont servi de modèles à ces ''monstres'' imaginaires qu'on trouve parfois dessinés sur les portulans, ces très anciennes cartes marines.

Dauphins.

Comme
des terriens

Trois grandes pièces en enfilade ne suffiraient pas à contenir le squelette d'une baleine. Il peut mesurer plus de 20 m de long! La tête, à elle seule, forme le quart ou le tiers de sa longueur. Ce qui surprend pour un animal vivant dans l'eau, ce sont ses deux pattes à cinq doigts et l'énorme cage thoracique. Mais la baleine n'est pas un poisson. A part sa forme, tout l'en distingue. Sa queue est horizontale et non verticale. Elle respire l'air de l'atmosphère. Elle a le sang chaud. Elle allaite son petit comme la chatte son chaton. C'est un mammifère marin. Les savants disent un ''cétacé''. Ses habitudes sont si curieuses et le

Squelette de baleine franche.

12

squelette de ses ailerons si surprenant que l'on s'est demandé si la baleine n'avait pas été, il y a des millions d'années, un mammifère terrien. Mais personne n'a pu établir scientifiquement comment s'est effectué le passage de la vie sur terre à la vie aquatique. On suppose que les millions d'années passées dans l'eau ont permis à ces mammifères de s'adapter. Leurs membres se sont transformés en nageoires et en queue, l'œil s'est accommodé à la vision sous-marine. Les narines, appelées "évents", sont situées sur le sommet du crâne : quand les dauphins sautent hors de l'eau, c'est pour respirer. S'ils ne remontaient pas à la surface pour prendre une gorgée d'air, ils mourraient noyés : des cachalots entortillés dans des câbles au fond de l'océan ont péri ainsi.

Pour téter sa mère, le bébé de cette baleine à bosse vient se blottir entre ses grands ailerons blancs.

Les baleines

Le poids des baleines ne s'évalue pas en kilos mais en tonnes !

Voici neuf baleines. Le *rorqual commun* pèse 35 à 45 t et mesure 20 à 25 m ; il vit sous toutes les latitudes. La *baleine grise* évolue dans le Pacifique, près des côtes américaines ; elle pèse 28 à 38 t et mesure 12 à 15 m de long. Le *rorqual de Rudolphi* pèse 14 t et mesure 18 à 20 m.

Les fanons des baleines : des lamelles cornées fixées sur la mâchoire supérieure.

La *jubarte*, ou baleine à bosse, pèse 35 à 45 t et mesure 14 à 19 m. Le *rorqual de Bryde* est plus petit : il pèse une douzaine de tonnes et mesure 12 à 14 m.

Rorqual commun

Baleine grise

Baleine franche des Basques

Baleine franche du Groenland

Rorqual bleu

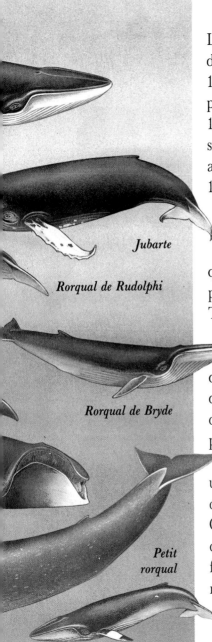

Jubarte

Rorqual de Rudolphi

Rorqual de Bryde

Petit rorqual

La *baleine des Basques*, ou baleine de Biscaye, pèse 70 t et mesure 17 à 18 m. La *baleine du Groenland* peut dépasser 100 t et mesure 18 m. Mais le géant des mers est sans conteste le *Rorqual bleu*, dit aussi la "baleine bleue" ; il pèse 130 t et mesure 25 à 30 m ; il vit dans l'Arctique et surtout en Antarctique. Le *petit rorqual* mesure 9 à 10 m et ne pèse que 6 à 8 t : le poids de 2 éléphants !

Toutes ces baleines sont classées dans le groupe de mysticètes. Leurs caractéristiques : un conduit respiratoire qui s'ouvre par deux évents. Pas de dents mais des fanons implantés le long de la mâchoire supérieure. Ils constituent un filtre qui retient dans la bouche la nourriture des mysticètes. Chez la baleine des Basques ou chez celle du Groenland, les fanons sont très longs et peuvent mesurer 2,50 m à 3 m. Leur nombre varie entre 500 et 800.

Technique employée par les jubartes
pour capturer leurs proies.

Un festin de crevettes

La baleine ne se nourrit que de proies minuscules : les milliers d'animaux microscopiques qui nagent en suspension dans la mer et qui forment ce qu'on appelle le plancton, ou krill. Mais ce qu'elle aime par-dessus tout, ce sont des crevettes de 7 ou 8 cm qui vivent dans les mers polaires.

L'énorme bouche des baleines est garnie de longues pièces cornées, flexibles, qui s'ouvrent comme les branches d'un éventail : ce sont les fanons, qui servent à filtrer l'eau et qu'elles utilisent comme un piège. Pour attraper le plancton, elles engouffrent des tonnes d'eau. Puis elles ferment la bouche et, en élevant la langue, chassent l'eau à travers les fanons qui retiennent à l'intérieur la gelée de krill ou de mollusques.

Les jubartes, quant à elles, procèdent d'une façon particulière. Elles repèrent un banc de krill composé de crevettes. Elles plongent en soufflant des bulles par leurs évents situés sur leur crâne. Puis elles remontent en spirales de plus en plus rapprochées, tissant ainsi une sorte de filet qui pousse leurs proies vers la surface. Les jubartes n'ont plus qu'à jaillir, la gueule grande ouverte.

La baleine grise se nourrit en fouillant la vase ou le sable. Avec la boue, elle ingurgite des milliers de petits crustacés ou de mollusques.

Les cétacés à dents

On les appelle les odontocètes. Ils n'ont qu'un évent au-dessus du crâne et de redoutables mâchoires dentées. Ils sont plus nombreux que les mysticètes. En voici les principaux représentants. Le plus grand, le *cachalot,* avec ses 15 à 20 m, peut peser jusqu'à 26 t ; il vit dans toutes les mers du monde. Le *marsouin* de nos côtes est plus petit avec son 1,50 m, et ses 60 à 70 kg. L'*hyperoodon* mesure 7 à 8 m et vit dans l'Atlantique Nord, tout comme le *Mésoplodon* (4 à 5,50 m). La *baleine blanche,* ou belouga, mesure 4 à 6 m et vit dans les eaux arctiques, ainsi que le *narval* (4 à 5 m), facilement reconnaissable à sa longue

Cachalot

Hyperoodon boréal

Mésoplodon de Soweby

Grampus

Orque

Pseudorque

Grand dauphin

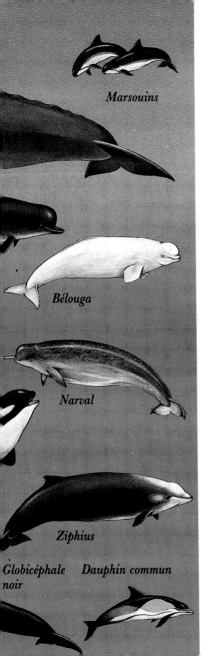

Marsouins

Bélouga

Narval

Ziphius

Globicéphale noir

Dauphin commun

défense torsadée qui n'est autre qu'une dent de la mâchoire supérieure longue de presque 2 m. L'*orque* s'appelle aussi ''épaulard'' ou ''baleine tueuse'' de l'Arctique ; il mesure 7 à 8 m et la nageoire de son dos est longue d'environ 2 m. Le faux-orque est plus petit. Le *dauphin de Grampus* ne mesure que 3 m.

Dent de cachalot ;
taille réelle : 18 cm.

Le *ziphius,* ou baleine à bec, mesure 5 m. Le *globicéphale noir* mesure 5 à 6 m. Le *grand dauphin* 3 à 4 m et le *dauphin commun,* 2 m. Comme les baleines, les odontocètes respirent à l'air et allaitent leur petit. Les odontocètes sont munis de dents coniques ; entre 2 et 240 selon les espèces. Ils ne possèdent qu'un seul évent.

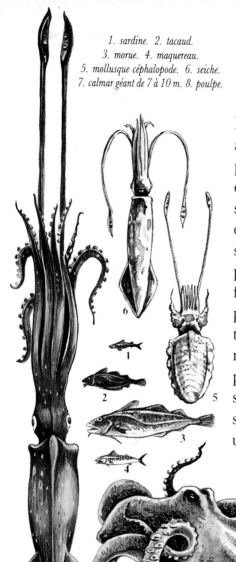

1. *sardine.* 2. *tacaud.*
3. *morue.* 4. *maquereau.*
5. *mollusque céphalopode.* 6. *seiche.*
7. *calmar géant de 7 à 10 m.* 8. *poulpe.*

Sous la mâchoire des odontocètes

Les odontocètes ne chassent pas au hasard. Ils foncent sur leurs proies, qu'elles soient isolées ou en bandes. Même le dauphin sème l'effroi parmi les sardines ou les anchois. Le cachalot consomme des calmars et des poulpes, qui vivent à de grandes profondeurs. Pour les chasser, il plonge à plus de 1 000 m, se tapit dans l'obscurité des fonds marins et attend le passage de la proie qu'il a repérée grâce à son sonar, une sorte de radar. Seule sa mâchoire inférieure possède une quarantaine de dents, qui aissent peu de chance de survie à la victime, même s'il s'agit d'un poulpe géant armé de ventouses. De ce duel, le cachalot ne gardera que quelques zébrures sur sa fine peau. Le poulpe, lui, mourra à l'air libre. Les orques vivent en groupe de 5 à

20 individus. Ils sèment la terreur chez les animaux à sang chaud. Carnassiers attirés par le sang, ils attaquent les phoques, et parfois les baleines blessées, qu'ils touchent à leur point faible : la langue. D'elles, les orques ne craignent que le coup de queue, aussi terrible que celui d'une massue.

Les orques sont capables de débusquer un phoque ou un pingouin en brisant la glace de la banquise à coups de dents.

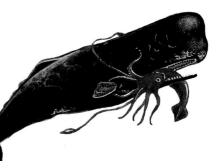

Le plus gros bébé du monde

Les petits des cétacés naissent en pleine mer. La baleine jubarte descend vers les eaux chaudes du Mexique pour mettre au monde son bébé, qu'elle a porté pendant dix mois. Le baleineau sort du ventre de sa mère, la queue la première. Vite ! Qu'il respire ! Elle le dépose sur son dos et le monte à l'air libre pour éviter qu'il ne se noie. Il mesure

Cette baleine des Basques porte son nouveau-né sur son dos pour sa première respiration.

A l'époque des amours, la jubarte mâle dite aussi baleine à bosse bondit hors de l'eau pour séduire sa compagne.

déjà 2 m et pèse quelques tonnes. Le bébé de la baleine bleue mesure 6 m, celui du cachalot entre 3,5 et 4,5 m.

Pour respirer, le jeune baleineau remonte à la surface de l'eau et chasse l'air de ses poumons en un long souffle qui laisse sa marque dans l'air, comme un jet d'eau vaporisée. Le baleineau ne chasse pas dès sa naissance. Pour se nourrir, il

se frotte contre la peau fine et sensible des mamelles de sa mère qui lâche, alors, de larges giclées sous pression d'un lait riche et gras, 8 fois plus riche en protéines que le lait humain. Le baleineau en boit goulûment jusqu'à 300 litres. A ce régime, il grossit vite et prend 100 kg par jour ! Il apprend à nager aux côtés de sa mère en donnant de grands coups avec sa queue horizontale. Il reste près d'elle pendant un ou deux ans, jusqu'à son sevrage. Le jeune cachalot, lui, n'a de dents qu'à l'âge de quatre ou cinq ans. Il mesure alors 9 à 10 m. Il pourra vivre au maximum une quarantaine d'années. Les baleines ont un petit tous les deux ou trois ans, pendant une vingtaine d'années. Quelles que soient les circonstances, elles n'abandonnent jamais leurs petits.

Les orques :
de rapides chasseurs

Surnommée la ''baleine tueuse'',
l'orque porte une tache blanche
en arrière de l'œil et,
sur le dos, un grand aileron
triangulaire qui fend les flots.
Il se déplace en bandes de 5
à 20 individus, à une vitesse
de 15 nœuds (28 km à l'heure),
allant jusqu'à 30 nœuds
lorsqu'il chasse. Il préfère
les eaux polaires, mais vit aussi
dans les eaux chaudes.

La transhumance des baleines

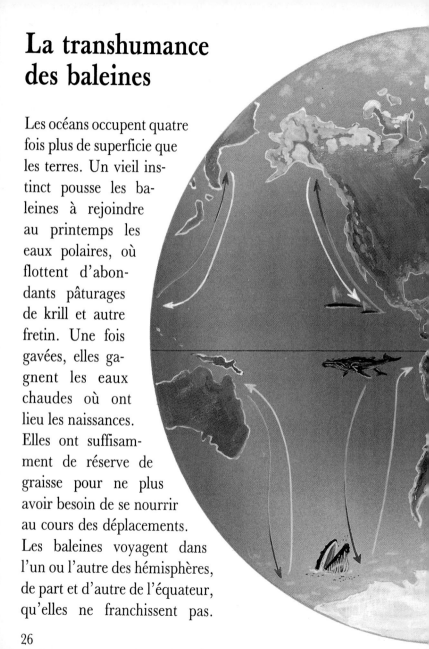

Les océans occupent quatre fois plus de superficie que les terres. Un vieil instinct pousse les baleines à rejoindre au printemps les eaux polaires, où flottent d'abondants pâturages de krill et autre fretin. Une fois gavées, elles gagnent les eaux chaudes où ont lieu les naissances. Elles ont suffisamment de réserve de graisse pour ne plus avoir besoin de se nourrir au cours des déplacements. Les baleines voyagent dans l'un ou l'autre des hémisphères, de part et d'autre de l'équateur, qu'elles ne franchissent pas.

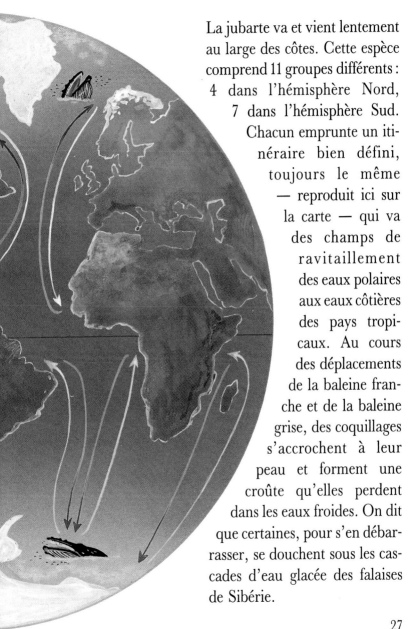

La jubarte va et vient lentement au large des côtes. Cette espèce comprend 11 groupes différents : 4 dans l'hémisphère Nord, 7 dans l'hémisphère Sud. Chacun emprunte un itinéraire bien défini, toujours le même — reproduit ici sur la carte — qui va des champs de ravitaillement des eaux polaires aux eaux côtières des pays tropicaux. Au cours des déplacements de la baleine franche et de la baleine grise, des coquillages s'accrochent à leur peau et forment une croûte qu'elles perdent dans les eaux froides. On dit que certaines, pour s'en débarrasser, se douchent sous les cascades d'eau glacée des falaises de Sibérie.

Mieux qu'un poisson dans l'eau

Avec grâce, sans effort, malgré leur masse, les baleines nagent inlassablement. Elles viennent bruyamment souffler à la surface puis se coulent entre deux eaux. Elles dorment 6 ou 7 fois par jour, par tranche d'une demi-heure. Les cachalots font de même. Ils avancent grâce au battement vertical de leur nageoire caudale. En nage lente, ils se déplacent à une vitesse de 3 à 4 nœuds (5 à 7 km/h), mais lorsqu'ils poursuivent un banc de calmars, ils peuvent atteindre 10 ou même 30 nœuds (55 km/h). En nageant, leur corps ondule verticalement, et ce sont les nageoires latérales, les battoirs, qui assurent la stabilité et l'orientation de l'animal.

La queue du cachalot, à deux stades de plongée. Elle peut atteindre 3 m d'envergure, contre 6 m chez le rorqual bleu.

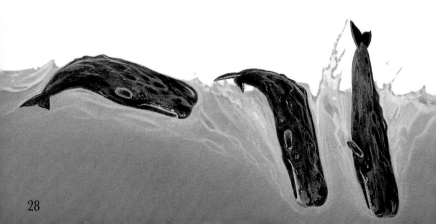

28

A de telles bêtes, la surface des océans ne suffit pas. Il leur faut la profondeur, l'espace. Le cachalot est le cétacé qui détient le record de plongée : il peut descendre jusqu'à 3000 m de profondeur et rester 30 à 80 minutes sous l'eau. Lorsqu'il sonde, il laisse parfois à la surface de l'eau, un bloc d'excréments : becs de seiches et restes de calmars indigestes. Les cachalots sont aussi bons sauteurs qu'ils sont bons nageurs. Ils peuvent élever leur cent tonnes dans les airs, d'un coup de queue. Après avoir sondé, ils déboulent à 20 ou 30 nœuds, surgissent dans un tonnerre d'éclaboussements, ruisselants d'écume, avant de retomber sur le dos dans un grand bruit de claque. Ces prouesses, dues à leur puissante musculature, sont probablement un jeu. Les cachalots sautent souvent, par plaisir, surtout les jeunes mâles, et à la saison des amours, au printemps. C'est alors qu'ils se disputent, lors de sanglants tournois, des harems de 20 à 40 femelles.

A gauche : le cachalot nage près de la surface, puis plonge.
On dit qu'il sonde.
A droite : il saute hors de l'eau ;
il s'élève verticalement puis retombe
sur le côté.

Un code sonore

Les cétacés voient mal. Toujours sous l'eau, leur regard est myope, limité par les ténèbres de la mer. Et leurs yeux, petits, sont mal disposés sur le côté de la tête. Pour compenser ce handicap, ils disposent d'autres sens, très développés. Les baleines possèdent un bon odorat qui leur permet de détecter l'odeur du krill dans l'eau ou dans l'air. Elles ont aussi une ouïe fine, afin de repérer l'approche d'un corps étranger.

Un troupeau de belougas.

Le rorqual bleu communique à distance, en utilisant des sons à haute fréquence et à basse fréquence. Ils se propagent soit en ondes sinueuses, pouvant aller jusqu'à 1 000 km de distance, soit en ondes verticales, du fond de l'océan à la surface.

Pour se communiquer leurs impressions, le toucher est important : la baleine caresse son petit du bout de sa queue, le baleineau se frotte à la peau fine et sensible de sa mère. Ce sont des gestes de tendresse.

Les odontocètes sont munis d'un système de sonar qui émet

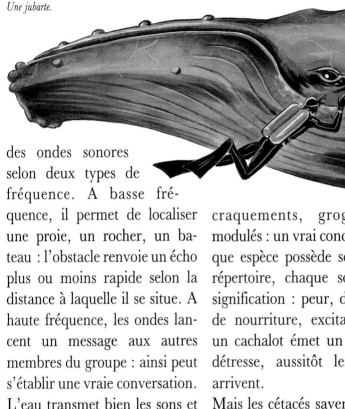

Une jubarte.

des ondes sonores selon deux types de fréquence. A basse fréquence, il permet de localiser une proie, un rocher, un bateau : l'obstacle renvoie un écho plus ou moins rapide selon la distance à laquelle il se situe. A haute fréquence, les ondes lancent un message aux autres membres du groupe : ainsi peut s'établir une vraie conversation. L'eau transmet bien les sons et la mer est pleine de hoquets, gémissements, grincements, craquements, grognements modulés : un vrai concert ! Chaque espèce possède son propre répertoire, chaque son a une signification : peur, découverte de nourriture, excitation... Si un cachalot émet un signal de détresse, aussitôt les secours arrivent.

Mais les cétacés savent aussi se taire, tous ensemble, pour ne pas se faire repérer.

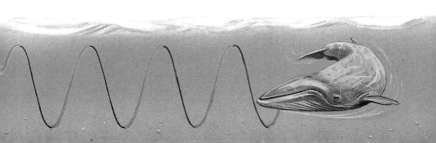

Échoués
sur le rivage

Ces globicéphales sont venus s'échouer sur la plage. En frappant à grands coups de queue le sable, ils se débattent et poussent des cris de détresse. Hélas ! pour eux, la mort est proche, car, incapables de bouger, les organes écrasés sous leur propre poids, la peau brûlée, desséchée par l'air marin, leurs chances de survie sont maigres.

Les habitants d'Ouvéa, proche de la Nouvelle-Calédonie, croyaient que ces mammifères qui, un jour, s'étaient échoués sur leur côte venaient chercher l'âme du fils défunt de leur chef et l'accompagner, jusqu'à Wal-

Os de mâchoire d'un globicéphale échoué.

lis, la terre de leurs ancêtres. Blanchi par le soleil et les intempéries, un crâne de globicéphale dressé comme un monument funéraire y rappelle l'événement.

Toutes les espèces de cétacés peuvent s'échouer, les unes collectivement, les autres en solitaires. Un cachalot prisonnier des rochers est spectaculaire. L'homme n'a longtemps connu les cétacés que morts. C'est sur des bêtes échouées qu'ont été faites les premières études anatomiques de baleines.

De mystérieux naufrages

Pour empêcher la peau de se dessécher trop vite, ce qui provoque chez les cétacés de profondes brûlures, il faut les asperger sans cesse avec des litres d'eau. Sur ce long corps glissant, la queue est le seul point d'amarrage pour les traîner à l'eau.

Pourquoi les cétacés viennent-ils s'échouer sur les rivages ? Certains cétacés, parce qu'ils sont jeunes et inexpérimentés, ou vieux, malades et solitaires, sont parfois rejetés sur la côte, un jour de tempête.

Un bateau mène à la liberté des faux orques échoués. Cependant, les chances de survie des cétacés échoués sont généralement rares.

Mais ils sont morts, parfois depuis plusieurs jours, lorsque la houle ou la marée les déposent sur le littoral. Les échouages collectifs d'orques, de globicéphales sont plus difficiles à expliquer. Certaines espèces habituées à vivre au large, en eaux profondes, peuvent, en s'approchant des petits fonds à faible pente, être perturbées dans leur orientation.

Depuis peu de temps, les scientifiques avancent une autre raison : en 1973, ils ont découvert la présence de petits vers ronds nichés dans l'oreille des cétacés, ce qui déréglerait le fonctionnement de leur sonar, les rendant incapables de se diriger ou de trouver leur nourriture.

Venant de la haute mer, ils foncent sur le littoral, et, affolés, s'y laissent piéger. Leur sens collectif est si fort, leur obéissance au chef du troupeau si grande qu'ils suivent ce dernier aveuglément, même si celui-ci a perdu sa route. On a vu des globicéphales, échoués par 60 cm de fond, attendre trois longs jours la mort de leur chef agonisant avant de se laisser remorquer à la mer. Ils n'ont pu survivre que grâce à un arrosage constant de la part des hommes.

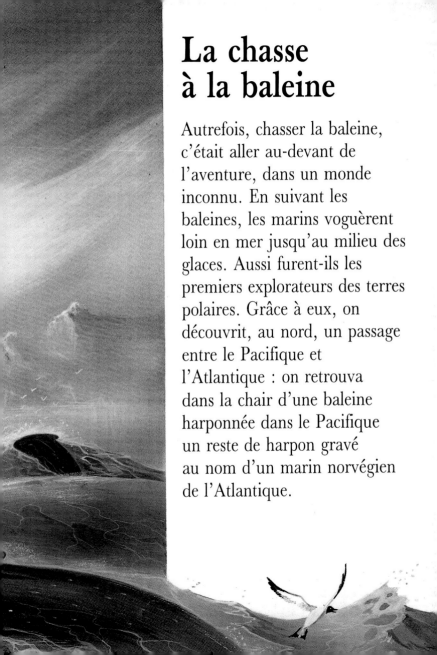

La chasse
à la baleine

Autrefois, chasser la baleine,
c'était aller au-devant de
l'aventure, dans un monde
inconnu. En suivant les
baleines, les marins voguèrent
loin en mer jusqu'au milieu des
glaces. Aussi furent-ils les
premiers explorateurs des terres
polaires. Grâce à eux, on
découvrit, au nord, un passage
entre le Pacifique et
l'Atlantique : on retrouva
dans la chair d'une baleine
harponnée dans le Pacifique
un reste de harpon gravé
au nom d'un marin norvégien
de l'Atlantique.

Les vieilles chasses

À Féroé, îles danoises entre l'Islande et l'Écosse, on chasse les globicéphales depuis le Moyen Âge. Autrefois, leur chair comestible constituait pour les habitants de ces régions polaires une bonne réserve de nourriture. Aujourd'hui, ces captures ne sont plus indispensables, mais la chasse continue comme par le passé, par tradition, par sport. Chaque année, de 400 à 500 animaux sont ainsi massacrés, selon une tactique identique à celle d'hier. Des canots encerclent les globicéphales près des côtes puis les rabattent sur le rivage. Bloqués au fond d'une baie, les cétacés sont alors achevés à la lance. Tout le village participe au dépeçage. C'est la fête. Les portions de graisse épaisse sont taillées au couteau, les quartiers de viande, tranchés à la hache. La mer est encore

Le harpon esquimau est attaché à une ligne et relié à un flotteur. Celui-ci sert à fatiguer l'animal blessé et à repérer l'endroit où il réapparaît après avoir plongé.

rouge du sang des animaux, lorsque chacun rentre chez soi avec au moins 50 kilos de viande.

Une chasse esquimaude

À Thulé, au nord-ouest du Groenland, les Esquimaux chassent encore comme leurs ancêtres les mammifères marins qui viennent s'abriter dans les eaux calmes des côtes. Le narval est particulièrement recherché pour sa viande, sa graisse, sa peau…, mais aussi pour la longue défense en ivoire que porte le mâle. Chaque été, les chasseurs établissent des camps provisoires sur la banquise. À tour de rôle, ils surveillent la mer avec des jumelles, parfois pendant plusieurs semaines. Quand ils repèrent une bande, ils se rapprochent en kayaks et harponnent leurs proies lorsque celles-ci remontent respirer à la

surface. Chaque ligne de harpon est reliée à un flotteur, une peau de phoque gonflée d'air, qui fatigue l'animal blessé lorsqu'il tente d'échapper, parfois pendant plus d'une heure, à ses poursuivants. Puis, on l'achève à coups de fusil.

39

Hardi !
les Basques

Autrefois, les baleines venaient chaque année mettre bas dans le golfe de Gascogne, cet abri des avant-côtes de France et d'Espagne. Les Basques, qui sont de grands pêcheurs, constatèrent vite que, mortes, ces baleines flottaient sur l'eau, contrairement aux autres espèces. On les appela les ''baleines franches''. Chassées dès la fin du IXe siècle, elles étaient devenues rares dans le golfe au XVe siècle. Grands navigateurs, les Basques s'embarquèrent alors sur des galions à trois mâts, de solides navires construits pour le commerce de

haute mer et, poursuivirent ''leurs'' baleines très loin au nord de l'Atlantique, sur les côtes du Labrador, du Spitzberg et du Groenland.

Les stations de chasse

Près de 1 000 marins fréquentèrent pendant les 5 mois de chasse le détroit de Belle-île, entre le Labrador et Terre-Neuve. À l'intérieur des baies abritées, ils avaient installé de véritables petites villes avec des magasins, des entrepôts, des

Pointe de harpon, membrure de bateau...
depuis quelques années, les découvertes
se multiplient aux environs de Red Bay,
où l'on pense avoir retrouvé
les vestiges du San Juan
un baleinier basque
coulé par la tempête en 1565.

auberges et des fonderies : c'est là que les chasseurs rapportaient leurs prises et faisaient fondre dans les fours la graisse des baleines. Pleines d'activité en période de chasse, ces stations devenaient des villes fantômes après le départ des chasseurs. Depuis quelques années, les archéologues plongent dans les eaux froides ou creusent la terre glacée des environs de Red Bay. Ils y ont retrouvé des tombes, des outils, des objets de la vie quotidienne et, surtout, des débris de bateaux. Ces débris, numérotés au fond puis remontés un à un, ont permis de reconstituer les navires baleiniers.

Les baleiniers américains

Les guerres entre la France et l'Espagne, la concurrence avec les autres pays, qui armèrent à leur tour des baleiniers, provoquèrent la faillite des pêcheurs basques. À partir du XIXᵉ siècle, Nantuket, aux États-Unis, devint la nouvelle base des baleiniers. Du haut de leurs terrasses, les femmes des marins surveillaient la mer en attendant le retour de leurs hommes, partis loin pour des campagnes de 2, 3, 4 ou 5 ans. À peine se souvenait-on encore du jour des adieux.

La route du Pacifique

Pour les marins des ports de la côte atlantique des États-Unis, la fortune se traquait sur toutes les mers du monde, jusqu'au Pacifique. Elle avait pris la forme d'un cachalot depuis qu'en 1772 un capitaine avait osé vaincre un de ces monstres tant redoutés des baleiniers.

Les capitaines baleiniers préparaient leurs campagnes avec précision, à l'aide des cartes baleinières qui accompagnaient les cartes pilotes.

*Tableau arrière
d'un baleinier américain.*

La fortune
au bout du voyage

Les ports de la Nouvelle-Angleterre connurent alors une opulence considérable : Nantuket, New Bedford armaient près de la moitié des navires baleiniers du monde. Chaque port y avait sa spécialité, les uns la baleine bleue, les autres la baleine grise ou le cachalot… Le capitaine préparait soigneusement sa campagne à partir d'informations recueillies par les autres baleiniers, en consultant les cartes marines, mais aussi en se fondant sur son expérience et son instinct de la mer. Il ne laissait rien au hasard, car la chasse était une véritable expédition qui, si elle était réussie, pouvait apporter la richesse. Après quelques campagnes heureuses, certains capitaines pouvaient prendre, assez jeunes, une retraite enviée.

En 1850, New Bedford abrite une flotte de 400 bateaux. Ce port a remplacé Nantuket, comme premier port baleinier, depuis qu'un banc de sable, à l'entrée de la rade de ce dernier, en a limité l'accès à des bateaux de plus en plus gros.

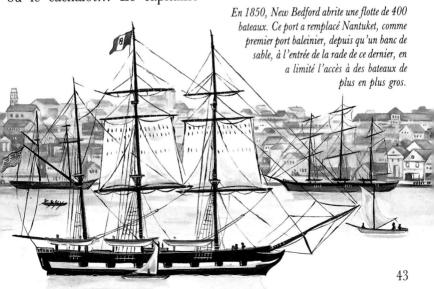

43

Flottes baleinières au XIXᵉ siècle

Brigantin : voiles auriques au grand mât

Goélette : voile carrée à la hune de misaine.

Trois-mâts gréé à phares carrés.

Les baleinières du XIXᵉ siècle battaient pavillon de leur propriétaire. Ce n'étaient pas des navires spécialisés, mais des bateaux qui avaient fait la preuve d'une bonne tenue en mer : brick, goélette, trois-mâts... C'étaient de lourds bâtiments de 300 à 600 tonneaux, de 20 à 40 m de long et d'environ 15 m de large, gréés à phare carré ou voiles auriques. Ce sont les voiles qui permettent de bien différencier un bateau. Les unes assurent la tenue du vent arrière, les autres, la capacité de remonter au vent ou de bien manœuvrer. Le bateau baleinier avait pourtant certaines particularités : un pont bien dégagé pour permettre de construire, entre le mât

Coupe d'un baleinier.

de misaine (premier mât vertical à l'avant du bateau) et le grand mât, un fourneau à fondre la graisse. Il lui fallait une bonne profondeur de cale pour y caser jusqu'à 2 400 barils d'huile, une coque ronde pour donner moins de prise aux glaces. Ces bateaux pouvaient être légèrement transformés. Leur coque, par exemple, était assez souvent renforcée : s'ils allaient dans les mers chaudes, elle était doublée de feuilles de cuivre pour empêcher l'attaque des tarets, ces mollusques qui creusent des galeries dans les bois des carènes ; s'ils allaient dans les mers polaires, elle recevait une épaisseur supplémentaire de bois.

On ne reconnaissait vraiment un bateau baleinier qu'aux traces d'huile qui tachaient les voiles et le pont, à l'odeur nauséabonde de graisse fondue qui empestait jusqu'à des milles de distance ou, la nuit, à la lueur du fourneau qui l'illuminait comme un bateau en feu.

*Quelques pavillons d'armateurs
(propriétaires des navires) de New Bedford.*

45

Les périls
de la mer

Qu'il était difficile de naviguer sur les mers polaires quand le bateau était lourd de givre et la toile raide, quand l'acier collait à la peau et l'arrachait et quand les doigts étaient engourdis par le froid ! La brume, fréquente, enveloppait les icebergs dans un halo irréel qui trompait le marin sur les distances. La banquise se fermait parfois sur le bateau, qu'elle soulevait à petits coups ou qu'elle écrasait comme ferait un étau. La neige, le vent rendaient la vie difficile. En langage de marin, on appelle "baleine" la lame d'eau qui passe par-dessus bord et mouille matériel et hommes. Il n'était pourtant pas question pour eux de se mettre à l'abri, car c'était dans ces moments difficiles qu'il fallait réduire

la voilure. À 10 m du pont, le moindre roulis donnait des inclinaisons dangereuses et les hommes étaient souvent en haut, dans le nid de pie du guetteur ou dans les vergues. Une chute sur le pont était mortelle. Une chute à l'eau l'était aussi sûrement.

Un bateau à voile ne s'arrête pas facilement, et retrouver un homme dans la mer déchaînée est pratiquement impossible. Dans l'eau froide, la durée de survie n'est d'ailleurs que de quelques minutes. Les baleiniers américains qui chassaient le cachalot n'allaient pas dans les eaux polaires. Mais, dans tous les océans, ils ont essuyé bien des grains, affronté des cyclones, reçu des trombes d'eau. Un baleinier sur dix se perdait corps et biens chaque année. Ceux qui rentraient au port ne comptaient pas toujours le même nombre d'hommes à bord qu'au départ.

La vie à bord

Les jours de campagne n'étaient pas tous des jours de chasse. Le temps le plus long, consacré à l'attente, était occupé à nettoyer et entretenir bateau et matériel. Ces corvées terminées, le marin qui n'était pas de quart jouait aux cartes, lavait ou recousait ses vêtements. Le novice s'entraînait au maniement du harpon. Les plus habiles sculptaient ou gravaient avec une aiguille des dents de cachalots ou des fanons de baleines, réalisant des rouleaux à pâtisserie pour les femmes, des maquettes et toutes

Les yeux sur le compas, le timonier à la barre veillait à l'apparition toujours possible d'un danger : écueil ou iceberg.

sortes d'objets. Ce passe-temps permettait d'oublier la rude vie à bord. La nourriture, viande séchée, riz, biscuits rassis, haricots secs, était monotone.

Dans l'écuelle, on trouvait souvent des charançons. Lors des rares escales, le cuisinier essayait d'améliorer l'ordinaire avec des aliments frais. Il fallait aussi lutter contre les punaises, les cafards, les rats, contre l'humidité qui imprégnait

Chaque jour, à midi, le capitaine faisait le point à l'aide de son sextant. Cette opération, lorsque le soleil est visible, permet de calculer la latitude et la longitude.

Rouleau à pâtisserie.

vêtements et paillasses, contre le scorbut, redoutable maladie qui guettait les marins privés trop longtemps de nourriture fraîche. Mais on n'oubliait jamais la baleine, qu'un homme, en haut du mât, cherchait inlassablement sur l'océan. Le bateau poursuivait sa route sous la garde du timonier, attentif aux ordres du capitaine.

Les journaux de bord étaient illustrés par des tampons qui signifiaient qu'on avait vu et suivi sans succès des baleines ou qu'on en avait tué.

L'équipement de la baleinière

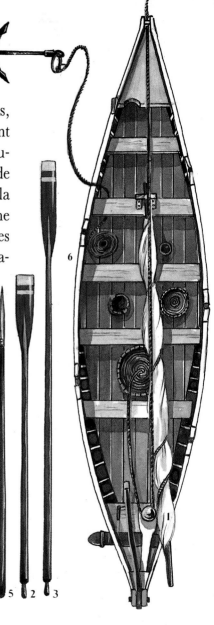

Au XIXᵉ siècle, les baleinières, conçues pour la course, étaient effilées aux deux bouts et mesuraient 9 m de long sur 2 m de large. Elles marchaient à la voile, mais on forçait la baleine à la rame. Montées par des équipages de 6 hommes, 5 rameurs et 1 barreur, leur équilibre, instable, était compromis à chaque mouvement désordonné.

Équipement d'une baleinière :
1. mât et voile ; 2. aviron court
servant à ramer ; 3. long aviron
servant à barrer ; 4. baquet contenant
la ligne enroulée ; 5. gaffe ;
6. bitte de bois autour de laquelle
s'enroulait la ligne.

de la corde. Le moindre nœud pouvait faire basculer la baleinière.

À l'avant, une encoche ménagée dans le banc, permettait au harponneur d'y caler son genou au moment de lancer le harpon. L'attirail de chasse se rangeait toujours à la même place car, au moment de l'action, il ne fallait pas perdre de temps à le chercher. Le matériel se composait de harpons, affûtés comme des rasoirs, de lances, d'une ligne de 300 m de long enroulée dans un baquet, de lampes à huile, d'un compas, d'une écope… Rien n'était laissé au hasard et surtout pas le déroulement de la ligne, que guidait une bitte de bois. Une fois la baleine harponnée, la ligne se déroulait si vite qu'on l'arrosait souvent pour empêcher le bois de s'enflammer à la chaleur du frottement

Les armes du chasseur : 1. lances ;
2. harpons ; 3. drapeau pour marquer la prise ;
4. pelle coupante ; 5. couteau ; 6. tranchoir.

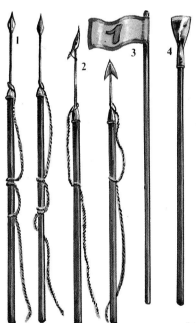

Le jet de la baleine s'élève à 3 ou 4 m.
C'est par l'évent, sorte de narine à soupape
qu'elle a au-dessus de la tête, qu'elle respire.
Elle rejette l'air vicié et renouvelle sa provision
d'air frais avant de plonger à nouveau.

Rorqual

Baleine grise

Baleine bleue

Cachalot

Baleine des Basques

Jubarte

Le souffle

"Elle souffle !" Au début d'une chasse, il y a toujours ce cri qui tombe du haut du nid de pie, où veille sans relâche le guetteur. Du bras, le matelot désigne une vapeur nacrée qui monte, s'arrondit, puis se dissipe dans la brise. Ce souffle, ce n'est pas un jet d'eau, mais l'air vicié que les cétacés retiennent en plongée dans leurs poumons et qu'ils viennent rejetter à la surface, en moins de trois secondes. Sa forme est très caractéristique de chaque espèce, selon que celle-ci possède un ou deux évents ou que le souffle est droit ou incliné. Un guetteur ne s'y trompe jamais. Rien qu'en observant le souffle, les marins estiment le poids de la bête, sa vivacité, son âge approximatif. Aussitôt, le bateau réduit sa voilure, s'arrête. Les baleinières sont descendues du bossoir et mises à l'eau. Les hommes foncent à la rame, sans se retourner, dos à la baleine, sous le commandement d'un officier. Il conduit l'embarcation le plus près possible de la baleine. C'est une longue course, où l'on perd de vue l'animal chaque fois qu'il sonde. On le retrouve parfois à l'endroit où il a plongé, mais souvent assez loin de celui où on l'attend. Cette partie de cache-cache peut durer longtemps, il n'est pas rare d'apercevoir un souffle le matin et de n'approcher l'animal qu'à la nuit tombante. La baleine ne parvient pas toujours à échapper au regard des hommes lancés à sa poursuite. A chaque fois qu'elle refait surface, le harponneur améliore la connaissance qu'il commence à avoir de sa future victime.

Dans le nid de pie, les guetteurs se relaient nuit et jour pour ne pas manquer le moindre souffle. Lorsqu'un cachalot apparaît, il faut attendre, parfois presque une heure, le moment où il remontera respirer à la surface.

Le chef de la baleinière détient l'autorité suprême pour le déroulement des événements.

La mise à mort

Quand une baleinière était proche de la bête, l'équipage attaquait. Debout à l'avant, le harponneur levait le manche du harpon et visait le point vulnérable, à la jointure de l'énorme tête et du corps. Lancé avec force et précision, la pointe d'acier s'enfonçait d'une vingtaine de centimètres dans la peau. La pointe mobile de la lance se redressait et se fixait solidement dans les chairs. La baleine filait ou plongeait. La ligne, amarrée au harpon, se dévidait à toute vitesse, risquant d'entraîner la baleinière. Puis, le déroulement de la ligne ralentissait. Aussitôt, les marins halaient le filin en chantant. Un bouillonnement, de l'écume, la bête réapparaissait.

On l'attaquait à la pique : il fallait parfois plusieurs dizaines de coups pour l'achever. La baleine s'épuisait. Son souffle devenait rouge sang, car les poumons étaient touchés. Lorsque l'animal s'immobilisait enfin, un marin montait sur son dos pour y planter son drapeau, marque du vainqueur.

Une baleine tuée pouvait être provisoirement abandonnée. Le drapeau du harponneur piqué en son flanc indiquait le propriétaire de la prise.

qu'il lui arrivait même d'atta
quer des navires. En 1820, l'*Es
sex* en fit la tragique expérience
Le navire coula sous les coups
de boutoir d'un cachalot, énervé
par la chasse. Certains de ces
animaux étaient bien connus
dans le milieu des baleiniers.

Les accidents

Comme tous les animaux tra-
qués, la baleine et le cachalot
peuvent devenir dangereux. Un
coup de nageoire pouvait briser
une baleinière trop proche. Bien
des chasseurs hardis ont été pré-
cipités à la mer par un animal
agonisant. La baleinière était
parfois entraînée sur des
paquets de glace en dérive et s'y
brisait. Il fallait être attentif et
savoir trancher à temps la ligne
trop tendue qui pouvait déstabi-
liser le canot. Le cachalot,
réputé irascible, n'hésitait pas à
foncer sur la baleinière. On dit

Mocha Dick

Le plus célèbre des cachalots est celui que les baleiniers nommaient entre eux *Mocha Dick*. Il se battit pendant 50 ans contre les hommes. À sa mort, en 1849, on trouva 19 bouts de harpons plantés dans sa peau, souvenir de quelque 100 combats au cours desquels 30 hommes étaient morts et où d'innombrables baleinières avaient été brisées. On comprend alors la hardiesse des premiers baleiniers qui osèrent traquer un cachalot. Cet animal transformait une chasse à courre en corrida, et, comme dans la corrida, il arrivait que la bête l'emporte.

D'un coup de son crâne énorme, un cachalot blessé projette en l'air une baleinière et son équipage.

Pour tout l'or du monde

Des bateaux plein les bassins, des tonneaux plein les quais, les ports américains de la Nouvelle-Angleterre ont longtemps vécu de la baleine. Ils lui doivent une prospérité exceptionnelle. Fanons, boules d'ambre, barils d'huile valaient, à l'époque, tout l'or du monde. Aujourd'hui, les nouveaux produits industriels devraient rendre inutile la chasse à la baleine.

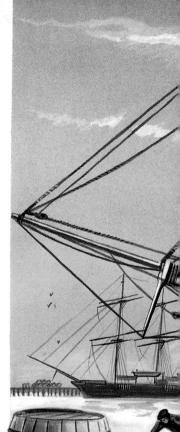

De l'or
en tonneaux

La baleine possède des tonnes de graisse. Elle était précieuse à une époque où l'huile était rare pour graisser les montres, lubrifier les machines, mais aussi dans l'industrie des peaux. On levait les 30 à 70 cm d'épaisseur de lard qui protègent la baleine du froid. En pleine mer, montés sur la baleine amarrée au flanc du navire ou depuis une passerelle suspendue, les écorcheurs découpaient le lard avec des pelles coupantes. Les bardes de 5 m sur 1 m, pesant bien une tonne, étaient hissées sur le pont à l'aide d'un treuil. Là, d'autres matelots débitaient le lard en morceaux de plus en plus fins. Des tranches minces comme des pages, appelées ''bibles'', étaient alors mises à fondre dans un fourneau de brique. L'huile obtenue se conservait très longtemps dans les tonneaux. Un baleinier rapportait de 300 à 1 000 barils d'huile, qui, payés en dollars, représentaient une petite fortune. Par beau temps, le dépeçage durait de 4 à 5 heures, et la fusion prenait plus de temps encore. La carcasse était abandonnée aux requins après qu'on eut coupé l'énorme tête. S'il s'agissait d'un cachalot, la tête était d'abord fouillée à la lance, dans l'espoir d'y trouver une boule d'ambre gris, ce précieux fixateur de parfum, revendu très cher.

Dépecés en quartiers, calibrés en ''bibles'', les morceaux de lard sont mis à fondre dans des chaudrons, sur le pont.

Tiédie, l'huile est mise en tonneaux. Elle pouvait ainsi se conserver tout le temps de la campagne qui durait parfois 4 ans.

Autres richesses de la tête

La tête du cachalot renferme une matière précieuse, le spermaceti, appelé couramment "blanc de baleine", une graisse très fine qu'on recueille à l'aide d'un seau dans une poche qui en contient 2 000 litres ! Le précieux liquide doit être mis immédiatement à bouillir pour pouvoir être conservé. Cette matière, concentrée dans le "melon" — c'est ainsi qu'on appelle le front du cachalot —,

joue, chez l'animal, le rôle du ballast des sous-marins. Il en règle la plongée, l'équilibre et la remontée.

Cette huile est en fait une sorte de cire que les hommes utilisaient pour l'éclairage. Aucune bougie ne donne une lumière aussi claire, aussi pure qu'une chandelle de spermaceti… et, au XIXe siècle, on ne disposait pas encore de pétrole pour les lampes.

Le cachalot n'a pas de fanons mais des dents de 10 à 20 cm de haut, pesant de 300 g à un kilo.

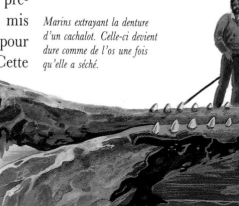

Marins extrayant la denture d'un cachalot. Celle-ci devient dure comme de l'os une fois qu'elle a séché.

Ces dents n'ont de valeur que décorées, ce que les Américains appellent des *scrimshaw*. Les matelots les prélevaient sur les mandibules de l'animal après avoir défait la mâchoire. Ils les levaient à grands coups de leurs pelles tranchantes en détachant les gencives cartilagineuses de l'os. Lorsqu'il s'agissait d'une baleine, une fois le dépeçage terminé, on hissait l'énorme tête, qui pesait bien 16 tonnes, sur le gaillard d'avant. Là, on retirait les fanons, au nombre de 600 chez la baleine franche, et mesu-

Baleine de Biscaye.

Fanons provenant de la gueule d'une baleine franche de l'Arctique.

rant de 30 cm à 4 m de long. Lorsque la lame d'acier n'existait pas encore, cette matière cornée et souple était idéale pour fabriquer les ''baleines'' de corsets et de parapluies. Pour désigner ces garnitures solides et flexibles, provenant exclusivement de la bouche de la baleine, les hommes ont pris tout simplement le nom de l'animal.

La chasse
au canon

Les bénéfices de la chasse à la baleine ont longtemps été limités par les difficultés mêmes de cette chasse : baleines perdues, baleinières brisées, captures limitées, lenteurs du dépeçage. De nos jours, la chasse est devenue industrielle, depuis l'invention, par le Norvégien Sven Foyn, en 1864, du canon harpon, arme redoutable dotée d'une tête explosive qui pénètre dans le corps de l'animal. Le harponneur peut ainsi tirer de plus loin à partir de bateaux plus grands. Le baleinier est désormais un bateau de haute mer de 30 à 40 m de long, muni de moteurs rapides et monté par 12 hommes. En faisant marche arrière, le navire fatigue vite la baleine harponnée, qui ne peut l'entraîner comme elle le faisait avec une baleinière. La charge explosive hâte la mort de l'animal. Il suffit alors de gonfler d'air ses poumons pour qu'il flotte et de l'équiper d'un émetteur radio qui aidera le bateau de ramassage à récupérer le cadavre

Frappé par le harpon explosif tiré au canon, la baleine n'a aucune chance d'en réchapper. La mer rougit immédiatement. Aucune baleine, quelles que soient sa vitesse et sa taille, ne peut échapper aux bateaux-chasseurs modernes.

pour le remorquer jusqu'au bateau-usine. Et les chasseurs reprennent la poursuite du troupeau. Avec leurs rapides moteurs, ils vont plus vite que la plus rapide des baleines. La chasse est organisée par unités : plusieurs chasseurs entourent le bateau-usine et le remorqueur. La chasse est devenue une exploitation systématique. De 1960 à 1964, les Russes et les Japonais ont tué six fois et demie plus de cachalots que toute la flotte américaine entre 1842 et 1846, grandes années de la chasse traditionnelle au harpon à main.

Remorquage de rorquals bleus, gonflés à l'air comprimé.

*La baleine glisse à l'intérieur du bateau.
Hissée par un treuil,
elle est ensuite dépecée sur le pont.*

bateau-usine. Celui-ci a été conçu pour un traitement rapide et continu sur les lieux même de la chasse. Les baleines sont dépecées sur le pont, où elles sont hissées à l'aide d'un plan incliné. Désormais, rien n'est perdu : ni les os, ni la chair, dont on fait des engrais ou de la pâtée pour animaux. Seuls les fanons sont jetés à la mer. Le fourneau est installé dans la cale, sous le pont, où se fait le dépeçage. Le bateau-usine, de 20 000 à 30 000

L'usine vagabonde

Chaque bateau d'une unité baleinière a un travail bien distinct et tous se complètent : le chasseur, le remorqueur et le

*A l'arrière : le pont à graisse ;
à l'avant : le pont à viande.*

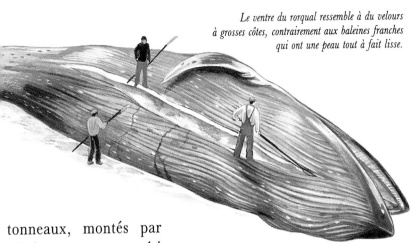

tonneaux, montés par 400 hommes, se caractérise par sa forme massive, des cales amples, une ouverture carrée à l'arrière, sur toute la largeur de la poupe et qui débouche en tunnel sur le pont, un treuil central, où s'enroule le câble servant à hisser la baleine, des cheminées qui laissent échapper l'âcre fumée des fourneaux. Un bateau-usine moderne est capable de traiter jusqu'à 12 baleines en une journée.

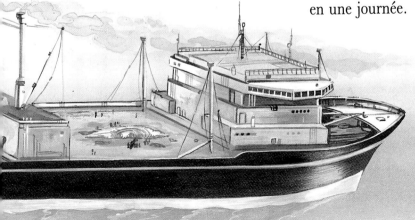

Pour la paix des baleines

La chasse industrielle a pris une telle importance au XX\ :sup:`e` siècle que certaines espèces de cétacés sont devenues très rares.

Certains pays comme le Japon, l'U.R.S.S., la Norvège chassent toujours la baleine, malgré les nombreux règlements, qui, depuis 1935, cherchent à les protéger en limitant le nombre de prises ou en interdisant la chasse.

En 1970, les écologistes sont intervenus à leur tour, créant le mouvement Greenpeace. Avec leur chalutier, *Moby Dick,* ils vont partout où l'on chasse encore la baleine. À bord de leur Zodiac, ils se placent entre le tireur et l'animal.

La découverte de produits de remplacement, notamment l'huile de jojoba, rend aujourd'hui tout massacre inutile. Les graines de jojoba donnent une cire aux qualités proches de celles de l'huile de cachalot. On l'utilise dans l'industrie pharmaceutique, textile, agro-alimentaire. Elle se vend cher (120 F le litre) mais la survie du cachalot vaut bien ce prix.

Le jojoba est un arbuste qui pousse dans les déserts du Mexique et des États-Unis.

L'huile de jojoba entre dans la fabrication des plastifiants, lubrifiants pour les moteurs tournant à grande vitesse, encres, vernis...

Pour mieux les connaître

Depuis que les baleines sont moins chassées, on les étudie mieux. Pour élucider les migrations, encore mal connues, les chercheurs ont mis au point différents systèmes. Ils marquent les baleines d'un numéro à la façon des pigeons voyageurs, ou ils étudient les dessins particuliers que porte chaque baleine à bosse sous la queue, équivalents aux empreintes digitales de l'homme. Leur carte d'identité ainsi dressée, on peut les reconnaître d'une année à l'autre, lors de leur passage près des côtes, établir leur âge et les accidents de parcours qu'elles ont connus. Un autre procédé consiste à fixer un émetteur radio sur l'animal. Mais tous ces moyens nécessitent l'intervention de l'homme. D'ici à 10 ans, les chercheurs pensent mettre au point un système de filature par satellite. Une fois l'émetteur fixé à la baleine, celle-ci peut évoluer dans toutes les mers : elle sera suivie à la trace à son insu. Deux équipes, l'une anglaise, l'autre américaine, attendent actuellement au large de Madère un groupe de cachalots pour une première expérience.

Les amphibies

Les cétacés sont les seuls
mammifères marins à naître
dans l'eau. Ce ne sont pas
les seuls à y vivre. Phoques,
morses, otaries, éléphants
de mer... se servent de leurs
membres antérieurs pour nager
mais aussi pour se hisser
et se traîner sur la glace
ou sur la terre, où il leur arrive
de paresser au soleil.
Ce sont des animaux
amphibies. Plus petits
et plus accessibles
que les cétacés,
ils ont été
encore plus chassés
pour leur graisse,
pour leur chair
et pour leur fourrure.

Les pinnipèdes

C'est le nom de l'ordre auquel on les rattache. Ils possèdent un corps souple, fusiforme, couvert d'un pelage lisse et ras, une tête arrondie, des narines situées à l'extrémité des naseaux, quatre membres modifiés en nageoires. Les pinnipèdes trouvent leur nourriture dans l'eau, mais passent une grande partie de leur vie sur terre, où ils mettent bas et allaitent leurs petits. Les voici pour la plupart : **Le phoque gris :** de 2 m à 3 m, de 250 à 300 kg ; un pelage gris sombre chez les mâles, argenté sur les flancs et le ventre de la femelle. **Le phoque à capuchon :** de 2 m à 2,50 m, 320 kg ; un pelage gris clair à taches noires. Le mâle porte sur la tête une trompe dilatable. **Le phoque de Weddell :** 3 m, 450 kg ; un pelage annelé, un museau épaté. **Le phoque crabier :** 2,70 m, 250 kg. Il est

Phoque à capuchon

Phoque de Weddell

Phoque crabier

Morse

Otarie de Steller

Phoque annelé

Phoque gris

Otarie de Californie

Phoque léopard

Veau marin

Phoque du Groenland

Phoque moine
Éléphant de mer

très rapide sur terre. **Le phoque léopard :** de 3 m à 3,45 m, jusqu'à 500 kg. Un grand chasseur de manchots. **Le veau marin :** de 1,50 m à 2 m, 120 à 150 kg. Il est tout en rondeur. **Le phoque du Groenland :** 1,60 m, 150 kg ; deux longues bandes noires sur le dos. **Le phoque-moine :** 2,80 m, de 350 à 400 kg ; son pelage plus sombre sur la tête et les épaules dessine une sorte de capuchon. **Le phoque annelé :** de 1,30 m à 1,40 m, 90 kg ; des anneaux clairs sur le dos. **L'éléphant de mer :** 6 m, 4 500 kg. Le mâle porte une trompe nasale dilatable. **Le morse :** 3 m, 1 300 kg. Deux grandes défenses sur la mâchoire supérieure. **Le lion de mer de Californie** ou otarie : 1,80 m, de 250 à 300 kg. Très agile et rapide. **Le lion de mer de Shelter** ou otarie : 3 m, 1 000 kg. Le mâle porte une importante crinière ébouriffée.

73

Un trou
dans la glace

Mal à l'aise sur terre, incapables de se redresser sur leurs nageoires antérieures, les phoques retrouvent toute leur agilité dans l'eau. Ils nagent en produisant de puissants mouvements latéraux de l'arrière-train. Les pattes palmées, inutiles à terre, constituent des nageoires efficaces. Les mains sont utilisées comme gouvernail et aident à grimper sur le sol. Pour respirer, ils remontent à la surface. Lorsque la mer gèle, ils creusent un trou dans la glace et l'entretiennent souvent en rognant les bords à coups de dents. Le phoque de Weddell se taille un trou individuel, les phoques du Groenland se partagent un trou à plusieurs. Ce trou de respiration est comme une fenêtre

Le bébé phoque du Groenland : une proie facile à dénicher.

ouverte sur le monde terrestre, celui de leur repos. Le monde où ils chassent est bleuté, car la glace ne laisse passer qu'un dixième de la lumière. Il semble qu'ils se dirigent et trouvent leur nourriture au sonar. Ils se nourrissent de poissons, de calmars et de crustacés, excepté le phoque crabier, qui filtre le krill entre ses dents, et le phoque léopard, qui chasse les manchots.

Un nid dans la neige

Au début du printemps, le phoque annelé femelle construit une loge dans la neige pour mettre bas. Les jeunes y restent 2 mois, jusqu'à leur sevrage. Souvent repéré par un ours, un renard polaire ou l'homme, l'unique petit de chaque femelle n'a que 42 pour 100 de chances de survie !

Aujourd'hui, la chasse est réglementée et les populations de phoques du Groenland ne sont plus en danger.

Les moustachus de l'Arctique

Les morses se réunissent volontiers, sur le rivage ou sur la glace, en colonie importante. Ils s'entassent en masse, corps rebondis et somnolents. Leur peau, épaisse de 2 à 4 cm, véritable bouclier de protection contre le froid, est sillonnée de plis et de rides, infestée de poux. Pour s'en débarrasser, ils se frottent et se grattent sans cesse. Dans ces groupements, les femelles restent entre elles avec les plus jeunes, les vieux mâles se tiennent à l'écart. Les plus gros, munis des plus longues défenses, sont les dominants. Il leur suffit de parader en exhibant leurs longues canines pour que les plus jeunes ne contestent plus leur titre de roi. Mais, si

Les femelles morses mettent bas tous les deux ans. Le nouveau-né pèse déjà de 60 à 65 kg. Sa mère le nourrit de son lait pendant 6 mois. À un an, son poids a triplé et ses défenses mesurent 2,5 cm. Sa mère le guide et le protège pendant deux ans. Un morse peut vivre jusqu'à 40 ans.

deux mâles aux longues défenses se rencontrent, l'incident est inévitable. Tous les deux se poignardent au cou ou au museau. Dans l'eau, les morses nagent en pratiquant la godille. Ils se propulsent au moyen des membres postérieurs, les antérieurs servant de gouvernail. Au repos, les mâles s'aident, pour flotter, de sacs gonflables qu'ils ont à la gorge. À la période des amours, ils utilisent aussi ces sacs qui produisent des sons spéciaux pour séduire une femelle.

Le morse s'aide parfois de ses défenses pour fouiller le fond vaseux à la recherche de coques, de palourdes ou de moules... Ses longues canines lui servent aussi d'arme défensive, de couperet pour tailler un trou de respiration dans la glace, ou de crampon pour se hisser sur la banquise.

On peut connaître l'âge et le sexe d'un morse à la taille de ses défenses.

Éléphants de mer.

Éléphants
et lions de mer

Énormes, massifs, les éléphants de mer sont pourtant d'une souplesse surprenante. Ils vivent la plupart du temps dans l'eau, où ils se nourrissent de calmars.

Ils peuvent rester sous l'eau pendant une demi-heure sans remonter respirer à la surface. Les vieux mâles, au cuir épais et tout plissé de bourrelets, sont couverts de plaies sur le cou, résultat des nombreux combats qu'ils se livrent entre eux pour devenir le caïd d'un harem de femelles. Certains mâles réunissent ainsi autour d'eux jusqu'à 100 femelles. Ils possèdent, en avant de la tête, une énorme protubérance qui leur a valu le nom d' ''éléphants de mer''. Ils sont très lourds et pèsent jusqu'à quatre fois le poids d'une femelle. Dans leur maladresse, ils écrasent parfois les petits qui se trouvent sur leur passage. Les jeunes mâles restent à l'écart, solitaires, avant de devenir eux aussi des pachas. Mâles et femelles peuvent vivre jusqu'à 14 ans.

L'otarie marche sur ses nageoires aux extrémités retournées vers l'extérieur.

des harems à la saison de reproduction. Malgré leur pelage protecteur, les otaries à fourrures ont besoin d'une grande masse d'énergie pour lutter contre les températures très basses, et doivent absorber de 14 à 27 pour 100 de leur poids par jour, pour survivre.

La famille des otaries comprend 14 espèces : otaries à fourrure et lions de mer. Contrairement aux phoques, ils se servent des nageoires antérieures pour se mouvoir dans l'eau.

Les mâles peuvent peser cinq fois plus que les femelles. Eux aussi se constituent

Les otaries possèdent de toutes petites oreilles.

Les vaches de mer

Les dugongs et les lamantins sont les seuls mammifères marins herbivores. Ils appartiennent à l'ordre des siréniens.

Les lamantins

Doux, lents, indolents et plutôt solitaires, ils vivent dans les eaux tropicales d'Afrique ou d'Amérique. Ils remontent parfois les fleuves, mais restent le plus souvent à l'embouchure, à la limite entre eaux douces et eaux salées. Seul le lamantin d'Amazonie ne supporte pas la mer. Les lamantins broutent en eaux peu profondes des plantes

aquatiques, des algues, et grattent les fonds pour trouver des racines. À force de mastiquer, leurs molaires s'usent, mais sont remplacées en permanence par une nouvelle rangée, qui pousse de 1 millimètre par mois. Ils

Les lamantins n'ont que 5 ou 6 petits au cours de leur vie, pas plus d'un tous les 3 ans, que la mère allaite et garde tout près d'elle pendant un an et demi.

nagent en déplaçant leur large queue horizontale de haut en bas. Ils n'ont pas de cordes vocales et communiquent en émettant des couinements ou par baisers ! Ils vivent vieux : 30 ans environ, et peuvent peser jusqu'à 1 600 kg.

Les dugongs

Ils vivent dans l'océan Indien, en eaux peu profondes, obligés de remonter à la surface toutes les 2 ou 3 minutes lorsqu'ils se reposent, toutes les 50 secondes lorsqu'ils mangent. Très vulnérables, ils ont été beaucoup chassés car leur chair est comestible. Les dugongs sont aujourd'hui rares.

Le dugong se distingue du lamantin par sa queue concave et non arrondie, par son museau tronqué se terminant par une plaque frontale flexible. Il mâche sa nourriture sur la plaque cornée de sa mâchoire supérieure.

Chanson des baleiniers
Pique la baleine

Pour retrouver un jour
  ma douce,
oh ! mes boués !
Ouh ! là,
Ouh ! là là là !
Pique la baleine joli baleinier
Pique la baleine je veux
  naviguer !

Aux mille mers
  j'ai navigué,
oh ! mes boués !
Ouh ! là,
Ouh ! là là là !
Pique la baleine joli baleinier
Pique la baleine je veux
  naviguer !

Des mers du nord aux mers
  du sud,
oh ! mes boués !
Ouh ! là,
Ouh ! là là là !
Pique la baleine joli baleinier
Pique la baleine je veux
  naviguer !

Je l'ai r'trouvée quand
  j'm'ai neyé,
oh ! mes boués !
Ouh ! là,
Ouh ! là là là !
Pique la baleine joli baleinier
Pique la baleine je veux
  naviguer !

Dans les grands fonds elle
  m'espérait,
oh ! mes boués !
Ouh ! là,
Ouh ! là là là !
Pique la baleine joli baleinier
Pique la baleine je veux
  naviguer !

En couple à elle me suis
  couché,
oh ! mes boués !
Ouh ! là,
Ouh ! là là là !
Pique la baleine joli baleinier
Pique la baleine je veux
  naviguer.

Pour la défense des baleines

1935. Un bateau-usine peut "traiter" 12 baleines par jour, soit, en une seule journée, la moitié de ce que pouvait faire autrefois un baleinier pendant toute sa campagne de pêche. À ce rythme-là, on aurait vite fait de dépeupler les mers! Dès lors, les hommes cherchent à sauver les cétacés.

1946. Les représentants de 19 pays, réunis à Washington, décident de protéger les espèces en voie de disparition, de limiter la chasse pour les autres, de fixer le nombre de prises annuelles, ou quotas, à des saisons et dans des zones bien délimitées.

1949. Création officielle de la *Commission baleinière internationale*. Malgré les interdits, la chasse à la baleine continue.

1970. Pour dénoncer les entorses faites au règlement, les écologistes créent le mouvement *Greenpeace*. Il est aujourd'hui présent dans 12 pays et intervient partout dans le monde pour attirer l'attention du public sur le nombre croissant d'espèces en voie de disparition :

• 1975-76 : première intervention des canots pneumatiques entre le harpon du chasseur et la baleine. Campagne pour la sauvegarde des phoques.

• 1977 : *Greenpeace* s'oppose à la chasse à la baleine en Australie. L'année suivante, l'usine baleinière ferme ses portes.

• 1978 : campagne contre le massacre des baleines en Islande et en Espagne. Les phoques gris aux îles Orcades sont protégés. Au Japon, un membre du mouvement libère 300 dauphins qu'on allait transformer en nourriture pour les porcs.

1979. La Commission baleinière internationale interdit l'activité des navires-usines dans toutes les mers, à l'exception de l'Antarctique.

1982. 38 pays demandent l'interdiction totale de la chasse commerciale à la baleine et au cachalot à partir de 1986. Pour des raisons économiques, plusieurs pays s'y opposent.

1986. La décision officielle est entrée en vigueur. L'Espagne, le Brésil, le Pérou ont arrêté la chasse. L'Islande, la Norvège annoncent qu'elles cesseront leurs activités en 1987 mais qu'elles se réservent la possibilité d'entreprendre des opérations de chasse ''scientifique''… Le Japon, quant à lui, déclare qu'il désarmera sa flotte en 1988. Peut-on les croire ? Le *Moby Dick,* le chalutier de *Greenpeace,* va partout où l'on chasse encore la baleine. Une autre chasse a commencé. Les menaces de sanctions de la part des États-Unis et de la Communauté économique européenne suffiront-elles à faire respecter le règlement ? La bataille pour la sauvegarde des cétacés continue.

De la baleine aux...

PRODUITS INDUSTRIELS	MATIÈ TIRÉE
"Baleines" de corsets et de parapluies Fouet de buggy, lames souples de ressorts	Fanons
Margarine, glycérine	Huile de baleine
Lubrifiants	Huile de baleine
Bougies, savon, résines synthétiques Linoléum, encres d'imprimerie	Huile de baleine ou (
Huiles industrielles pour machines à grande vitesse, transmissions automobiles, mécanismes de haute précision, traitement des cuirs	Huile de cachalot
Cosmétiques, rouge à lèvres, crayon gras	Huile de cachalot et s
Parfums	Ambre gris (fixateur)
Conserves pour animaux domestiques	Viande et os broyés
Hormones, vitamine A Produits pharmaceutiques	Glandes endocrines e

produits de remplacement

MIÈRE ALEINE	MATIÈRE PREMIÈRE DE REMPLACEMENT
	Lames ou tiges flexibles en acier ou en matières plastiques
	Huiles végétales
	Huiles minérales (pétrole)
ot	Cire d'abeilles, de jojoba, huiles de colza et de lin, paraffine, électricité.
	Huiles de lin, de ricin, de colza, de jojoba
ti (blanc de baleine)	Huiles de citron et d'orange, huile de jojoba Crème d'avocat, lait de concombre
	Fixateur N 400
	Résidus de céréales, algues, restes d'abattoirs
	Carotène de carottes, huile de foie de morue Vitamine A synthétique

Petit dictionnaire

Adaptation : parfois les caractères d'un animal se modifient pour s'accorder au milieu de vie. C'est un phénomène très lent qui s'étale sur une longue période.

Affaler la voile : faire tomber la voile ou la réduire, et empêcher ainsi le vent de faire avancer trop vite l'embarcation.

Aileron : organe saillant du corps des animaux aquatiques utilisé comme gouvernail.

Amphibie : se dit d'un animal qui peut se déplacer aussi bien sur terre que dans l'eau.

Antarctique : région du pôle Sud.

Arctique : région du pôle Nord.

Ballast : compartiment étanche d'un bateau. Plein ou vide, il en assure l'équilibre par rapport à son chargement. On dit aussi le lest. La vidange du lest d'un sous-marin lui permet de remonter en surface.

Bitte de bois : sorte de grosse borne autour de laquelle s'enroulait la ligne.

Bossoir : appareil pour descendre et hisser les canots.

Carène : partie de la coque d'un navire qui se trouve dans l'eau.

Caudale : la nageoire caudale désigne la nagoire de la queue.

Cétacés : ordre de mammifères marins comprenant les baleines, les dauphins, les marsouins...

Charançon : insecte parasite du blé et qu'on retrouvait dans la nourriture des marins.

Colonie : signifie, ici, un groupe d'animaux vivant ensemble.

Écope : sorte de grande cuillère avec laquelle on vide l'eau d'une embarcation.

Équateur : ligne imaginaire située à égale distance du pôle Nord et du pôle Sud et séparant en 2 hémisphères le globe terrestre.

Haler le filin : tirer très fort sur le filin.

Hémisphère : chacune des deux moitiés du globe terrestre, appelée hémisphère Sud et hémisphère Nord.

Lubrifier : graisser pour faciliter le bon fonctionnement d'une mécanique ou de rouages.

Membrure : ensemble de pièces de bois constituant la charpente d'un bateau.

Migration : mouvement saisonnier d'animaux d'une région à une autre, d'un climat à un autre, afin de se nourrir ou de se reproduire.

Novice : un marin nouveau dans le métier ou toute autre personne débutant dans une fonction.

Poulpe : c'est l'autre nom de la pieuvre. Le poulpe a 8 tentacules munis de ventouses.

Poupe : l'arrière d'un bateau. L'avant étant la proue.

Prédateur : animal qui vit de proies.

Sevrage : moment où le petit des mammifères cesse de boire le lait de sa mère pour absorber d'autres nourritures.

Siréniens : ordre de mammifères aquatiques et herbivores tels que les dugongs, les lamantins. On dit que Christophe Colomb, entendant les cris des lamantins, crut à des chants de sirènes, d'où le nom…

Sonar : appareil de détection par les sons utilisé en navigation. On dit que les cétacés possèdent un ''sonar naturel'' pour se repérer.

Sonder : signifie ici plonger…

Timonier : marin chargé de tenir la barre et de surveiller la route du bateau.

Adresses

Il n'y a pas, en France, de musée de la baleine, mais on peut trouver toutes sortes de renseignements et parfois des documents aux adresses suivantes :

Muséum d'histoire naturelle
57, rue Cuvier   75005 Paris
Pour aller voir des squelettes de baleines.

Musée de la Marine
Place du Trocadéro   75016 Paris
Une maquette de chasse à la baleine se trouve dans la partie du musée réservée à la pêche.

Musée de l'Homme
Place du Trocadéro   75016 Paris
Pour tout savoir de la vie et de l'équipement des Esquimaux.

Centre d'études des mammifères marins
Port des Minimes
17000 La Rochelle
Pour connaître la vie des mammifères marins : des documents, des programmes audiovisuels.

Musée de la Mer
Saint-Clément-des-Baleines
17580 Île de Ré
Un tout petit musée qui doit son nom au souvenir de l'échouage d'une baleine : harpons, os de baleine, maquettes de bateaux y sont exposés.

Greenpeace
5, rue de la Bûcherie   75005 Paris
Association de défense des baleines qui édite un journal.

Table des matières

Dans la même collection